ÉLOGE

DE MONTESQUIEU.

ÉLOGE

DE MONTESQUIEU,

DISCOURS

Qui a remporté le prix d'éloquence, décerné par l'Académie Française, dans sa séance du 25 août 1816;

PAR M. VILLEMAIN,

PROFESSEUR A LA FACULTÉ DES LETTRES.

A PARIS,

CHEZ FIRMIN DIDOT, IMPRIMEUR DU ROI, DE L'INSTITUT, ET DE LA MARINE, RUE JACOB, N° 24.

1817.

ÉLOGE

DE MONTESQUIEU.

> Le genre humain avait perdu ses titres; Montesquieu les a retrouvés, et les lui a rendus. VOLTAIRE.

Si toutes les nations de l'Europe, enfin réunies par l'intérêt de l'humanité et la fatigue de la guerre, voulaient élever un monument de leur réconciliation, et choisir un grand homme dont l'image, consacrée dans ce temple nouveau, parût un symbole de justice et d'alliance, elles ne le chercheraient ni parmi les héros ni parmi les rois qu'elles admirent; sans doute on ne pourrait pas introduire dans le sanctuaire de la paix la statue d'un capitaine fameux, quand même on en trouverait un seul qui n'eût jamais entrepris de guerres injustes; on n'y recevrait pas un de ces politiques profonds, qui, par leur génie, ont fait la grandeur de leur pays; car il ne s'agirait pas alors de la grandeur d'un état, mais du repos de l'Europe; on n'accueillerait pas même l'image révérée des plus grands rois: ils ont quelquefois sacrifié l'intérêt de l'humanité à celui de leurs peuples, ou plutôt de leur gloire; et c'est à l'humanité qu'on voudrait élever un monument.

Mais si l'Europe avait produit un sage dont la gloire fût un titre pour le genre humain, et dont les honneurs, au lieu de flatter une vanité nationale, paraîtraient un hommage décerné par tous les peuples au génie qui les éclaire, un philosophe assez profond pour n'être pas novateur, qui eût bien mérité de tous les siècles par des ouvrages composés avec tant de prévoyance et de réserve, que, sans avoir pu jamais servir de prétexte aux révolutions, ils pourraient en épurer les résultats, et devenir l'explication et l'apologie la plus éloquente de cette liberté sociale, qu'ils n'ont pas imprudemment réclamée; si ce grand homme avait à-la-fois recommandé le patriotisme et l'humanité; s'il avait flétri le despotisme d'un opprobre aussi durable que la raison humaine; s'il avait montré ce lien de politique qui doit rapprocher tous les peuples, et changer le but de l'ambition, en rendant le commerce et la paix plus profitables que ne l'était autrefois la conquête; s'il avait modéré son siècle et devancé le siècle présent; si son ouvrage était le premier dépôt de toutes les idées généreuses, qui ont résisté à tant de crimes commis en leur nom: ne serait-ce pas l'image de ce véritable bienfaiteur de l'Europe, ne serait-ce pas l'image de Montesquieu, qu'il faudrait aujourd'hui placer dans le temple de la paix, ou dans le sénat des rois qui l'ont jurée?

Avant de considérer Montesquieu sous ce noble aspect, avant d'admirer en lui le publiciste des peuples civilisés, nous devons chercher dans ses premiers ouvrages par quels degrés il s'est élevé si haut. Il sied mal, je ne l'ignore pas, de vouloir diviser en plusieurs parties le génie d'un homme supérieur. Le fond de ce génie, c'est toujours l'originalité, attribut simple et unique sous des formes quelquefois très-variées; mais un homme supérieur se livre à des impressions ou à des études diverses qui lui donnent autant de caractères nouveaux

Montesquieu a été tour-à-tour le peintre le plus exact, et le plus piquant modèle de l'esprit du dix-huitième siècle, l'historien et le juge des Romains, l'interprète des lois de tous les peuples; il a suivi son siècle, ses études et son génie. Les peintures spirituelles et satiriques des *Lettres persannes* feront pressentir quelques-uns des défauts qu'on reproche à l'*Esprit des Lois;* mais nous y verrons percer les saillies d'une raison puissante et hardie, qui ne peut se contenir dans les bornes d'un sujet frivole, et franchit d'abord les points les plus élevés des disputes humaines.

Le plus beau triomphe d'un grand écrivain serait de dominer ses contemporains, sans rien emprunter de leurs opinions et de leurs mœurs, et de plaire par la seule force de la raison; mais le désir impatient de la gloire ne permet pas de tenter ce triomphe, peut-être impossible; et les hommes qui doivent obtenir le plus d'autorité sur leur siècle, commencent par lui obéir. Telle est cette influence, que les mêmes génies, transportés à d'autres époques, changeraient le caractère de leurs écrits, et que l'ouvrage le plus original porte la marque du siècle autant que celle de l'auteur.

Montesquieu, nourri dans l'étude austère des lois, et revêtu d'une grave magistrature, publie, en essayant de cacher son nom, un ouvrage brillant et spirituel, où la hardiesse des opinions n'est interrompue que par les vives peintures de l'amour. Un nouveau siècle a remplacé le siècle de Louis XIV, et le génie de cette époque naissante anime les *Lettres persannes* : vous le retrouverez là plus étincelant que dans les écrits même de Voltaire : c'est le siècle des opinions nouvelles, le siècle de l'*esprit*. L'ennui d'une longue contrainte, imposée par un grand monarque dont la piété s'attristait dans la vieillesse et le malheur, les folies d'un gouvernement corrupteur, et d'un prince aimable, tout avait répandu dans la nation un goût de licence et de nouveauté qui favorisait cette faculté heureuse à laquelle les Français ont donné, sans doute dans leur intérêt, le nom même de l'esprit, quoiqu'elle n'en soit que la partie la plus vive et la plus légère. C'est le caractère dont brillent, au premier coup-d'œil, les *Lettres persannes*. C'est la superficie éblouissante d'un ouvrage quelquefois profond; portraits satiriques, exagérations ménagées avec un air de vraisemblance; décisions tranchantes, appuyées sur des saillies; contrastes inattendus; expressions fines et détournées; langage familier, rapide, et moqueur; toutes les formes de l'esprit s'y montrent et s'y renouvellent sans cesse. Ce n'est pas l'esprit délicat de Fontenelle, l'esprit élégant de Lamothe : la raillerie de Montesquieu est sentencieuse et maligne comme celle de Labruyère; mais elle a plus de force et de hardiesse. Montesquieu se livre à la gaieté de son siècle; il la partage pour mieux la peindre; et le style de son ouvrage est à-la-fois le trait le plus brillant et le plus vrai du tableau qu'il veut tracer. Labruyère, se plaignant (1) d'être renfermé dans un cercle trop étroit, avait esquissé des caractères, parce qu'il n'osait peindre des institutions et des peuples : Montesquieu porte plus haut la raillerie; ses plaisanteries sont la censure d'un gouvernement ou d'une nation. Réunissant ainsi la grandeur des sujets et la frivolité hardie des opinions et du style, il peint encore les Français, par sa manière de juger tous les peuples.

L'invention des *Lettres persannes* était si facile, que l'auteur l'avait dérobée sans scrupule, et même sur un écrivain trop ingénieux pour être oublié. Mais, dans ce cadre vulgaire, avec plus d'esprit que Dufresny, Montesquieu pouvait jeter de la passion et de l'éloquence; et quelquefois le génie du législateur se révélait au milieu des témérités du scepticisme et des jeux d'une imagination riante et libre. Le maître de Platon, le précepteur de la sagesse antique, avant de corriger les erreurs des hommes, avait cultivé les arts; mais la grave antiquité remarqua toujours que les statues des trois Graces qui sortirent du ciseau de Socrate, jeune encore, étaient à demi voilées. Montesquieu n'a point imité cette pudeur. Nous n'oserons pas dire que, préoccupé du soin de retracer les coutumes des peuples, l'auteur des *Lettres persannes* se montrait seulement historien et moraliste dans la vive peinture de l'amour oriental; ou, s'il en est ainsi, nous avouerons qu'il a porté bien loin l'emploi de cet art ingénieux, qui soutient l'intérêt de la fiction par la vérité des mœurs. Mais, avec quel charme cette vérité des mœurs ne s'unit-elle pas quelquefois sous sa plume à des images chastes et passionnées? Un de ces Parsis proscrits sur leur terre natale retrace, avec l'exemple des grandes injustices de la société corrompue, le tableau de l'amour dans la simplicité des mœurs patriarchales. Le peintre qui reproduit avec tant de force la corruption sans politesse et le grossier despotisme de l'Orient, la corruption spirituelle et raffinée de l'Europe, se plaît à ces images puisées dans les mœurs poétiques de la société primitive.

On peut observer que les plus sérieux philosophes ont cherché, dans les rêves de leur imagination, le dédommagement des tristes connaissances qu'ils avaient acquises sur la vie humaine; comme si, plus on avait étudié ce monde incorrigible, plus on s'élançait vers un autre monde, dont toutes les lois et toute l'histoire sont à la disposition d'un cœur vertueux. Après avoir éprouvé les caprices de la démocratie et ceux du despotisme, après avoir vu dans Athènes des hommes libres, souillés par la mort d'un juste, Platon s'occupait, tantôt à rêver l'Atlantide, tantôt à préparer les institutions de son impraticable république. Tacite, pour se consoler de la peinture trop fidèle de Rome, embellissait l'histoire d'une peuplade sauvage, et fesait sortir la sagesse et la vertu de ces forêts, qui cachaient encore la liberté. Morus et Harrington, dans des jours de fanatisme et de fureur, décrivaient le bonheur d'un état libre et sans faction, où la plus parfaite sécurité s'unirait à la plus parfaite indépendance.

Des illusions plus instructives et plus vraisemblables ont inspiré à Montesquieu l'épisode des Troglodites, de ce peuple si malheureux, quand il est insociable, qui passe du crime à la ruine, se renouvelle par les bonnes mœurs, et trop tôt fatigué de ne devoir sa félicité qu'à luimême, va chercher dans l'autorité d'un maître un joug moins pesant que la vertu. Ces trois périodes, admirablement choisis, présentent tout le tableau de l'histoire du monde. Mais ce qui honore la sagesse de Montesquieu, c'est qu'ils renferment le plus bel éloge de la vie sociale. Tandis que Rousseau prononce anathême contre le premier auteur de la société, tandis que, par amour de l'indépendance, il veut arracher les premières bornes, qui, posées autour d'un champ, furent le symbole de la justice naissant avec la propriété, Montesquieu fonde le bonheur sur la justice, affermissant les droits de chacun pour l'indépendance de tous. A ses yeux, l'âge de la corruption et du malheur, c'est le moment où l'égoïsme armé se soulève contre les lois, où la violence des individus détruit les promesses que la société a faites à ses membres. L'âge de la liberté, c'est l'âge de la justice présidant au maintien des intérêts civils, à la sainteté des contrats, à l'équité des échanges, à la perfection de la vie sociale, c'est-à-dire, au respect de tous les droits consacrés par elle. Les images des vertus privées, les douces peintures d'une condition parée de l'innocence, viennent orner le tableau, pour ajouter à cette première leçon, qui place dans la vertu des citoyens la force de l'état, une autre leçon trop oubliée; c'est que la morale des familles fait les citoyens, et maintient ou remplace les lois. Vérités naïves, au-delà desquelles n'auraient pas dû remonter les hardis investigateurs, qui, voulant creuser jusqu'aux racines de l'arbre social, l'ont renversé dans l'abyme qu'ils avaient ouvert !

Cette sagesse d'application et de principes que Montesquieu devait porter dans l'histoire des intérêts civils, dans la théorie des lois établies, il l'annonce, il s'y prépare, pour ainsi dire, par d'ingénieuses allégories; et sa politique romanesque est plus raisonnable et plus attentive à la vérité des choses, que la politique sérieuse de beaucoup d'écrivains célèbres. On sent que dominé par un esprit juste et observateur, lors même qu'il se livre à des écarts d'imagination, il ne peut oublier la réalité des événements et des mœurs qu'il a long-temps étudiés. Veut-il, dans l'épisode des Troglodites, peindre le beau idéal de la vie humaine, il n'essaie pas, comme Rousseau, d'exagérer l'abrutissante liberté de la vie sauvage; il trace le tableau embelli de l'homme en société : et ce tableau, malgré l'éclat des couleurs, ressemble à quelques années de bonheur et de vertu, que l'on trouverait éparses dans les annales des républiques naissantes; mais, en décrivant cette vertueuse félicité, il la montre prête à finir; et cet aveu est le dernier trait ajouté à la vraisemblance historique.

Essaie-t-il une seconde peinture du bonheur social, il le fait naître des vertus d'un monarque absolu, fiction qui serait un blasphême, si Marc-Aurèle n'avait pas régné. Montesquieu écrit le roman d'*Arsace et d'Isménie*, où le despotisme légitimé par lavertu, orné des plus puissantes séductions, l'amour et la gloire, se consacre et s'enchaîne au bonheur des humains.

Le despotisme? Un législateur a-t-il employé son génie à l'éloge d'une pareille puissance? Était-ce un caprice de son imagination, un mensonge de sa conscience? Pour lever ces doutes, il faut rappeler ce désespoir involontaire dans lequel sont tombés de grands et nobles génies, qui, mécontents de l'usage que les hommes fesaient de leur liberté, leur ont souhaité des maîtres, et ont invoqué contre nos erreurs et nos crimes la terrible protection du pouvoir absolu. Ce vœu s'est rencontré dans les cœurs les plus bienfaisants, comme dans ces ames austères, qui, en jugeant l'humanité, semblaient la haïr. Platon (2); qui s'était si long-temps flatté du projet d'une république parfaite, ne savait plus enfin desirer pour l'espèce humaine qu'*un bon tyran aidé d'un bon législateur*. Quelle injure pour le genre humain qu'un pareil vœu ait pu sortir d'une ame vertueuse, en présence de Sparte, à la vue des côtes de la Perse!

Dans cet ouvrage immortel, que l'on a calomnié comme séditieux, parce que les maux des peuples y sont déplorés, Fénélon admet les monarchies absolues, et se réduit à enchaîner, par le charme de la bonté, ces rois auxquels il abandonne la puissance illimitée du bien et du mal. Sésostris n'est qu'un despote, modéré par la justice et l'amour de la gloire; Idoménée n'est qu'un tyran corrigé par le malheur: croira-t-on cependant que l'ame élevée de Fénélon ne conçût rien de préférable à l'usage tempéré du pouvoir absolu? D'autres écrits de sa main (3) attestent les vœux qu'il formait pour un ordre politique plus conforme à la dignité de l'homme. Mais en attendant la liberté des peuples, il cherchait à mettre dans le cœur du monarque les barrières qui n'étaient pas encore dans la loi.

Je ne sais si telle était la pensée de Montesquieu, de cet ardent admirateur des vertus antiques. Peut-être, les yeux attachés sur son siècle et sur la monarchie française, voyant le calme naître du pouvoir absolu, il tolérait cette manière de rendre les hommes heureux; il consentait même à l'embellir, et lui prêtait des prestiges de grandeur qui manquèrent trop au siècle de Louis XV. Sans doute, lorsque la cause de la liberté est enfin apportée au tribunal des rois; lorsque, pour conduire les générations éclairées, il ne reste plus que les lois, barrière et soutien du pouvoir légitime, ou la force, instrument passager qui sert à toutes les puissances; honneur aux esprits élevés qui demandent que les nations soient associées à leur gouvernement, et concourent à leur propre salut! Quel que soit dans l'avenir le succès de ce noble effort, il faut le tenter; car toute autre voie serait impossible ou odieuse. Mais s'il exista jadis pour nous un ordre politique dans lequel le pouvoir suprême, sans contre-poids et sans résistance, était modéré par l'esprit du siècle et la législation des mœurs, pourquoi les plus grands génies auraient-ils hâté la ruine de ce système, qui n'était point pénible pour l'orgueil tant qu'il était approuvé par l'opinion? Ceux qui pouvaient alors mesurer l'étendue des changements une fois commencés, devaient reculer devant leurs propres espérances.

Souvenons-nous que le dix-huitième siècle fut particulièrement pour la France l'époque la plus paisible et la plus heureuse de la civilisation moderne, et nous croirons que la sagesse ne devait pas calomnier un pouvoir absolu qui s'adoucissait par le bonheur public. En recevant les mœurs et l'impression de son siècle, Montesquieu évita cet injuste dédain pour les institutions nationales, cet enthousiasme de l'esprit novateur, qui présageait, dans l'oisiveté même d'un âge trop heureux, les agitations et les fureurs que renfermait l'avenir. Mais alors même que Montesquieu adoptait et se plaisait à embellir ce gouvernement que bientôt il justifia par des raisonnements, souvent les jeux de son esprit furent contraires aux opinions sur lesquelles ce gouvernement a besoin de s'appuyer.

La monarchie de Louis XIV ne pouvait subsister qu'avec les mœurs, les principes, la religion, qui marquèrent le règne de ce prince. Lorsque la corruption et la licence descendirent du trône dans la nation, chaque jour ce pouvoir absolu devint moins juste et moins révéré. Le système politique de Louis XIV était un miracle de nobles illusions qui pouvaient à peine durer l'espace d'un siècle ou la vie même d'un homme. Mais sur-tout on ne devait pas espérer d'en prolonger l'influence au profit du pouvoir, lorsqu'elles n'existaient plus au profit des mœurs. Si des écrivains libres et hardis ont préludé par une légère ironie à des attaques plus sérieuses, si la licence des mœurs a conduit à l'avilissement de l'autorité, cette progression était inévitable. En morale, en politique, une chose n'arrive pas précisément parce qu'il s'est rencontré un homme pour l'accomplir; mais il y avait des causes qui la rendaient nécessaire, et devaient la faire sortir de telle ou telle main. Il était impossible que le dix-huitième siècle ne vît pas naître des écrivains animés d'un esprit d'indépendance et de curiosité, de hardis examinateurs de toutes les opinions, d'éloquents contradicteurs de la puissance, des hommes spirituels et moqueurs, qui jugeraient avec plus de liberté que de justice tout ce qu'on avait révéré jusqu'alors (4).

La supériorité même des écrivains du grand siècle poussait leurs successeurs dans ces routes nouvelles; car l'ambition de créer égale dans l'écrivain le besoin de variété qui tourmente et séduit le vulgaire des hommes. Il cherche par les saillies du paradoxe les succès que ne lui promet plus la vérité trop simple ou trop connue ; il demande à la hardiesse, à la licence, au scandale même ce que lui refusent la décence et la religion. Si les vérités morales ne sont pas infinies comme les vérités géométriques, on peut concevoir que le génie, dans sa perpétuelle activité, attaquera quelquefois les premières, tandis qu'il augmente incessamment les autres. Semblable au conquérant qui se précipite plutôt que de s'arrêter, quand il est au terme de la vérité, il s'élance au-delà, et il égare les hommes plutôt que de renoncer à les conduire.

Vous qui souffrez avec indignation la chûte des anciennes maximes, n'accusez pas uniquement les écrivains célèbres dont les opinions hardies ont corrigé quelques erreurs et mis tant de vérités en problême. Ces opinions étaient de leur siècle autant que de leur choix ; elles tenaient à cette mobilité générale de la pensée, qui ne permet ni à l'ambition de l'homme supérieur, ni à la curiosité de la foule, de suivre toujours les routes antiques.

Le caractère du dix-huitième siècle, c'est d'avoir mis les idées à la place des croyances : mouvement que l'on devait pressentir, et qu'il ne faudrait pas accuser, s'il s'était arrêté devant les bornes éternelles de la religion et de la morale. L'esprit humain s'emploie d'abord à maintenir les croyances; plus tard, son activité le porte à les combattre. Les croyances une fois établies doivent rester immuables et entières. On les altère, en les touchant. Les idées sont pour l'homme un essai continuel de sa force, même dans ses erreurs. Les croyances, lorsqu'elles ne sont plus révérées, deviennent importunes par les sacrifices ou les vertus qu'elles commandent. Les idées n'imposent pas d'aussi pressans devoirs; elles éclairent sans retenir, rarement elles passent dans les actions, parce qu'elles ne sortent pas de la conscience. Le sophisme les dénature, la violence les falsifie; on les voit céder quelquefois si honteusement et si vîte, qu'on s'effraie de la faiblesse morale d'un peuple qui n'aurait que des idées au lieu de vertus.

L'ordre politique se compose aussi de croyances, si l'on peut donner ce nom à toutes les opinions formées par le temps et l'habitude. Le clergé, la noblesse, étaient des croyances que Montesquieu, dans sa jeunesse, attaqua par des plaisanteries, et que plus tard il défendit par le raisonnement. Car les grands génies, placés entre le mouvement de leur siècle et leur raison reviennent quelquefois sur leurs pas, et s'efforcent de soutenir des institutions dont ils ne conçoivent l'utilité, qu'après les avoir eux-mêmes ébranlées.

Cet effet presque inévitable de la réflexion et de la maturité explique la différence qui se trouve entre Montesquieu, soumis à l'influence de son siècle, et Montesquieu discutant les lois de tous peuples, entre la frivolité dédaigneuse des Lettres persanes, et la sage impartialité de l'Esprit des Lois.

L'influence contemporaine qui se montre dans les opinions de Montesquieu, je la retrouve toute entière dans quelques écrits échappés de sa plume. Les images libres et philosophiques du Temple de Gnide sont un sacrifice au goût d'un siècle sentencieux et poli. On serait quelquefois tenté plus que ne l'aurait voulu l'auteur, de croire à la fiction sous laquelle il annonçait son ouvrage, et d'y reconnaître un de ces élégants sophistes de la Grèce dégénérée. Mais quelques traits de génie auxquels ne peut atteindre la médiocrité la plus ingénieuse préviennent cette méprise, et décèlent la main d'un grand homme.

Il ne faut pas le dissimuler, ces grâces affectées, ces subtils raffinements qui déparent quelquefois le style de Montesquieu, sont dictés par un système; car les fautes des grands écrivains sont rarement involontaires. En parcourant quelques théories sur le goût, esquissées par Montesquieu, on y retrouve une préférence marquée pour cette finesse délicate, pour ces pensées inattendues, ces contrastes brillants qui éblouissent l'esprit. N'oublions pas une pareille censure pour la gloire même de Montesquieu; car du milieu de ces petitesses, il s'est élevé à la hauteur du génie antique. Il semble que ce grand homme, tant qu'il ne traitait pas des sujets dignes de sa pensée, se livrait à l'influence de son siècle; mais lorsqu'il avait rencontré un sujet égal à ses forces, alors il était libre, il n'appartenait plus qu'à lui, et redevenait simple et naturel, parce qu'il pouvait montrer toute sa grandeur.

Dégagé des devoirs de la magistrature, livré tout entier à la méditation, seul exercice qui soit digne d'un homme de génie et qui le fortifie, en le rendant à lui-même, Montesquieu avait visité les plus célèbres nations modernes, et observé leurs mœurs, qui lui expliquaient leurs lois. C'est alors qu'il étend sa pensée sur les peuples anciens, et qu'il s'attache de préférence à l'empire romain, qui, seul ayant absorbé l'univers, pouvait représenter à ses yeux l'antiquité toute entière. Depuis deux mille ans on lisait l'histoire des Romains; on se racontait les merveilles de leur grandeur. Peut-être l'esprit de l'homme, encore plus admirateur que curieux, se plaît-il à contempler les résultats incroyables de causes secrètes qu'il ne cherche pas à connaître. Le digne historien de la république romaine, Tite-Live, trop frappé de la gloire de sa patrie, avait négligé d'en montrer les ressorts toujours agissants, comme s'il eût craint d'affaiblir le prodige, en l'expliquant.

Tacite, qui suivant l'éloge que lui a donné Montesquieu, *abrégeait tout, parce qu'il voyait tout*, Tacite n'a pas essayé de voir l'empire romain. Il a borné ses regards à un seul point de cet immense tableau. Il n'a montré que Rome avilie. Il n'a pas même expliqué cet inconcevable esclavage qui vengeait l'univers; et, quoiqu'il ait rendu service au genre humain en augmentant l'horreur de la tyrannie, il a fait un ouvrage au-dessous du génie qu'il montre dans cet ouvrage même.

Un seul écrivain de l'antiquité, un Grec, regardant l'empire romain qui marchait à la conquête du monde d'un pas rapide et régulier, avait averti que ce mouvement était conduit par des ressorts cachés qu'il fallait découvrir. Un homme qui avait porté la force de son génie sur une foule d'études diverses pour les subordonner à la théologie, et qui semblait, en parcourant toutes les connaissances humaines, les conquérir au profit de la religion, Bossuet, examina la grandeur romaine avec cette sagacité et cette hauteur de raison qui le caractérisent; mais, préoccupé d'une pensée dominante, attentif à une seule action dirigée par la providence, l'origine et l'accomplissement de la foi chrétienne, il ne regarde les Romains eux-mêmes, il ne les aperçoit dans l'univers, que comme les aveugles instruments de cette grande révolution à laquelle tous les peuples lui paraissent également concourir. Cette pensée qui l'autorisait, pour ainsi dire, à ne pas expliquer des effets ordonnés d'avance par une volonté irrésistible et suprême, ne l'a pas empêché d'entrer dans les causes agissantes de la grandeur romaine; et telle est pour un homme de génie, l'évidence et la réalité de ces causes, que pouvant tout renvoyer à Dieu, dont il interprétait la volonté, Bossuet a cependant tout expliqué par la force des institutions et le génie des hommes.

Montesquieu adopte le plan tracé par Bossuet, et se charge de le remplir, sans y jeter d'autre intérêt que celui des événements et des caractères. Il y a sans doute plus de grandeur apparente dans la rapide esquisse de Bossuet, qui ne fait des Romains qu'un épisode de l'histoire du monde. Rome se montre plus étonnante dans Montesquieu, qui ne voit qu'elle au milieu de l'univers. Les deux écrivains expliquent sa grandeur et sa chûte. L'un a saisi quelques traits primitifs, avec une force qui lui donne la gloire de l'invention; l'autre, en réunissant tous les détails, à découvert des causes invisibles jusqu'à lui; il a rassemblé, comparé, opposé les faits avec cette sagacité laborieuse moins admirable qu'une première vue de génie, mais qui donne des résultats plus certains et plus justes. L'un et l'autre ont porté la concision aussi loin qu'elle peut aller; car dans un espace très-court, Bossuet a saisi toutes les grandes idées, et Montesquieu n'a oublié aucun fait qui pût donner matière a une pensée. Se hâtant de placer et d'enchaîner une foule de réflexions et de souvenirs, il n'a pas un moment pour les affectations du bel esprit et du faux goût; et la briéveté le force à la perfection. Bossuet, plus négligé, se contente d'être quelquefois sublime. Montesquieu, qui dans son système donne de l'importance à tous les faits, les exprime tous avec soin, et son style est aussi achevé que naturel et rapide.

Quelle est l'inspiration qui peut ainsi soutenir et régler la force d'un homme de génie? C'est une conviction lentement fortifiée par l'étude, c'est le sentiment de la vérité découverte. Montesquieu a pénétré tout le génie de la république romaine. Quelle connaissance des mœurs et des lois! Les événements se trouvent expliqués par les mœurs, et les grands hommes naissent de la constitution de l'état. A l'intérêt d'une grandeur toujours croissante, il substitue ce triste contraste de la tyrannie recueillant tous les fruits de la gloire. Une nouvelle progression recommence : celle de l'esclavage précipitant un peuple à sa ruine par tous les degrés de la bassesse. On assiste, avec l'historien, à cette longue expiation de la conquête du monde; et les nations vaincues paraissent trop vengées. Si maintenant l'on veut connaître quelle gravité, quelle force de raison Montesquieu avait puisées dans les anciens, pour retracer ces grands événements, on peut comparer son immortel chef-d'œuvre aux réflexions trop vantées qu'un écrivain brillant et ingénieux du siècle de Louis XIV écrivit sur le même sujet. On sentira davantage à quelle distance Montesquieu a laissé loin de lui tous les efforts du bel esprit dont il avait d'abord dérobé toutes les graces;

Dans la grandeur et la décadence des Romains, Montesquieu n'a plus l'empreinte de son siècle; c'est un ouvrage dont la postérité ne pourrait deviner l'époque, et où elle ne verrait que le génie du peintre.

Tout entier dominé par ses études, l'auteur a pris le génie antique pour retracer le plus grand spectacle de l'antiquité. Ce génie est mâle, quelquefois mêlé de rudesse; on croit voir une de ces statues retrouvées parmi les ruines, et dont les formes correctes et sévères étonnent la mollesse de notre goût. Telle est la simplicité où Montesquieu s'élève par l'imitation des grands écrivains de Rome. Son ame trouve des expressions courageuses pour célébrer les résistances et les malheurs de la liberté, les entreprises et les morts héroïques. Il est sublime, en parlant de vertus que notre faiblesse moderne peut à peine concevoir. Il devient éloquent à la manière de Brutus.

Rien n'est plus étonnant et plus rare que ces créations du génie qui semblent ainsi transposées d'un siècle à l'autre. Montesquieu en a donné plus d'un exemple qui décèle un rapport singulier entre son ame et ces grandes ames de l'antiquité. Plutarque est le peintre des héros; Tacite dévoile le cœur des tyrans; mais, dans Plutarque ou dans Tacite, est-il une peinture égale à cette révélation du cœur de Sylla, se découvrant lui-même avec une orgueilleuse naïveté? Comme œuvre historique, ce morceau est un incomparable modèle de l'art de pénétrer un caractère, et d'y saisir, à travers la diversité des actions, le principe unique et dominant qui faisait agir. C'est un supplément *à la grandeur et à la décadence des Romains*. Il s'est trouvé des hommes qui ont exercé tant de puissance sur les autres hommes, que leur caractère habilement tracé complète le tableau de leur siècle. C'était d'abord un heureux trait de vérité de bien saisir et de marquer l'époque où la vie d'un homme pût occuper une si grande place dans l'histoire des Romains. Cette époque est décisive. Montesquieu n'a présenté que Sylla sur la scène; mais Sylla rappelle Marius, et il prédit César. Rome est désormais moins forte que les grands hommes qu'elle produit : la liberté est perdue, et l'on découvre dans l'avenir toutes les tyrannies qui naîtront d'un esclavage passager, mais une fois souffert. Que dire de cette éloquence extraordinaire, inusitée, qui tient à l'alliance de l'imagination et de la politique, et prodigue à-la-fois les pensées profondes et les saillies d'enthousiasme; éloquence qui n'est pas celle de Pascal, ni celle de Bossuet, sublime cependant, et toute animée de ces passions républicaines qui sont les plus éloquentes de toutes, parce qu'elles mêlent à la grandeur des sentiments la chaleur d'une faction?

Ces passions se confondent dans Sylla avec la fureur de la domination; et de cet assemblage bizarre se forme ce sanguinaire et insolent mépris du genre humain, qui respire dans le dialogue d'Eucrate et de Sylla. Jamais le dédain n'a été rendu plus éloquent; il s'agit en effet d'un homme qui a dédaigné et, pour ainsi dire, rejeté la servitude des Romains. Cette pensée, qui semble la plus haute que l'imagination puisse concevoir, est la première que Montesquieu fasse sortir de la bouche de Sylla; tant il est certain de surpasser encore l'étonnement qu'elle inspire! « Eucrate, « dit Sylla, si je ne suis plus en spectacle à l'uni-« vers, c'est la faute des choses humaines qui « ont des bornes, et non pas les miennes. J'aime « à remporter des victoires, à fonder ou à dé-« truire des états, à punir un usurpateur; mais « pour ces minces détails du gouvernement, où « les génies médiocres ont tant d'avantage, cette « lente exécution des lois, cette discipline d'une « milice tranquille, mon ame ne saurait s'en oc-« cuper ». L'ame de Sylla est déja toute entière dans ces paroles; et cette ame était plus atroce que grande. Peut-être Montesquieu a-t-il caché l'horreur du nom de Sylla sous le faste imposant de sa grandeur; peut-être a-t-il trop secondé cette fatale et stupide illusion des hommes, qui leur fait admirer l'audace qui les écrase. Sylla paraît plus étonnant par les pensées que lui prête Montesquieu, que par ses actions même. Cette éloquence renouvelle, pour ainsi dire, dans les ames la terreur qu'éprouvèrent les Romains devant leur impitoyable dictateur. Comment jadis Sylla, chargé de tant de haines, osa-t-il abandonner l'asyle de la tyrannie, et, simple citoyen, descendre sur la place publique qu'il avait inondée de sang? Il vous répondra par un mot : « J'ai étonné les hommes. » Mais à côté de ce mot si simple et si profond, quelle menaçante peinture de ses victoires, de ses proscriptions ! quelle éloquence ! quelle vérité terrible ! Le problême est expliqué. On conçoit la puissance et l'impunité de Sylla.

Ce talent singulier d'expliquer, de peindre et d'imiter l'antiquité, ne paraîtrait pas tout entier, si l'on oubliait un de ces précieux fragments où l'homme supérieur révèle d'autant mieux sa force, qu'il l'a concentrée sur un espace plus borné; et Montesquieu ne serait pas le peintre de l'antiquité le plus énergique et le plus vrai, s'il n'avait point retracé cette philosophie stoïcienne, la plus haute conception de l'esprit humain, et parmi les erreurs populaires du paganisme, la seule et la véritable religion des grandes ames. Quand on aura lu l'hymne sublime que Cléanthe le stoïcien adressait à la divinité adorée sous tant de noms divers, au créateur qui *a tout fait dans le monde, excepté le mal qui sort du cœur du méchant*; quand on aura médité dans Platon la résignation du juste condamné; quand on saura par cœur les pensées d'Épictète et le règne de Marc-Aurèle, on devra s'étonner encore du langage retrouvé par Montesquieu dans l'épisode de Lysimaque. Ce spiritualisme altier, ce mépris de la terre, cet orgueil et cette joie de la douleur qui rendait les ames invincibles, qui les rendaient heureuses, toutes les grandeurs morales luttant contre la puissance, la cruauté d'Alexandre, Lysimaque que les Dieux préparent pour consoler la terre, quelle vérité historique, quelle éloquence sans modèle, quels acteurs, et quel intérêt ! Quelques pages ont suffi pour tout dire et tout peindre.

Cette admiration des grands caractères, cette haine de la tyrannie que Montesquieu recueillait dans l'étude des anciens, transportées sur les temps modernes, auraient fait ressortir à nos yeux des ames élevées, auxquelles il n'a manqué que des peintres, et donneraient à notre histoire un caractère de gravité et de morale qu'elle n'a jamais connu. Montesquieu avait tenté ces deux essais; il n'a pas achevé l'essai du maréchal de Berwick, qui méritait d'être peint comme les héros de Plutarque. Les fragments de ce travail sont une ébauche de Michel-Ange. Il n'a manqué à Montesquieu que de le finir, pour égaler la vie d'Agricola.

La vie de Louis XI devait sans doute mieux consacrer encore cette noble rivalité de Montesquieu et de Tacite. Le hasard, qui nous en a privés, ne peut rien ôter à la gloire de son auteur; des titres plus nombreux ne l'auraient pas augmentée. Il n'était pas au pouvoir de Montesquieu lui-même de rendre son nom plus immortel, et d'ajouter quelque chose à la renommée de l'Esprit des lois.

L'Esprit des lois apparaît au bout de sa carrière comme le terme de notre admiration et de ses efforts; et s'il m'est permis, pour célébrer ce peintre sublime de la Grèce et de Rome, d'emprunter une image à l'antiquité, en suivant le cours et la variété de ses ouvrages, il semble que nous arrivons au dernier monument de son génie par les mêmes détours qui conduisaient lentement aux temples des dieux. Nous avons d'abord traversé ces riants et heureux bocages, qui jadis cachaient la demeure sacrée; plus loin, en étudiant avec Montesquieu les souvenirs de l'histoire, nous avons, pour ainsi dire, rencontré sur notre passage ces statues des grands hommes et des héros qui occupaient la première enceinte des temples antiques, comme étant l'image de ce qu'il y a de plus noble après les dieux; nous touchons enfin au sanctuaire d'où la sagesse révèle ses oracles. Mais ce dernier trait de l'allégorie ne convient pas aux vérités simples et naturelles annoncées par le législateur français. Montesquieu s'adresse à la raison des peuples; la simplicité et l'universalité, voilà les deux attributs de son ouvrage. Ils indiquent à-la-fois la supériorité de son génie et les lumières de son siècle. Montesquieu ne se trouvait pas dans l'heureuse condition de ces anciens législateurs qui donnaient à des peuples incultes et grossiers des institutions toujours suffisantes ; il veut apprendre à tous les peuples civilisés à respecter et à perfectionner leurs lois ; il ne néglige pas même les lois des peuples barbares, il les explique, et quelquefois les défend pour enseigner à toutes les nations une loi plus haute et plus sacrée, la tolérance.

Un grand homme, parmi les talents qu'ils développe, est toujours dominé par une faculté particulière, que l'on peut appeler l'instinct de son génie. Les lois étaient pour Montesquieu cet objet de préférence, où se portait naturellement sa pensée. Il n'a pas cherché dans cet étude un exercice pour le talent d'écrire. Il l'a choisie, parce qu'elle était conforme à toutes les vues de son esprit ; il a tenté de l'approfondir, enfin, parce qu'une sorte de prédilection involontaire l'y ramenait sans cesse. C'était l'œuvre de son choix, c'était la méditation de sa vie ; et, malgré les censures de la haine ou de la frivolité, ce fut le plus beau titre de sa gloire. On s'étonne d'abord des immenses souvenirs qui remplissent l'Esprit des lois ; mais il faut admirer bien plus encore ces divisions ingénieusement arbitraires, qui renferment tant de faits et d'idées dans un ordre exact et régulier. Peut-être au premier abord supposerait-on plus de génie dans un homme qui, sans s'arrêter aux lois positives, tracerait, d'après les règles de la justice éternelle, un code imaginaire pour le genre humain ; mais cette idée, réalisée par un Anglais célèbre (*), est plus extraordinaire que grande. Quoique les lois positives soient quelquefois inconséquentes et bizarres, elles résultent de rapports nécessaires. Leur existence est une preuve de leur utilité relative : les lois que conserve un peuple sont les meilleures qu'il puisse avoir; et la pensée de renouveler, sur un seul principe, toutes les législations de la terre serait aussi fausse qu'impraticable; mais les connaître et les discuter, choisir et recommander celles qui honorent le plus l'espèce humaine, voilà le travail qui doit occuper un sage, et qui peut épuiser toute la profondeur du plus vaste génie. Alors la connaissance des lois, appuyée sur l'histoire et sur la politique, s'éloigne également de la science du jurisconsulte et des rêves *de l'homme de bien.* Les pensées qu'elle fournit à un digne interprète entrent insensiblement dans le trésor des idées humaines; et, en modifiant l'esprit d'un peuple, elles produisent de nouveaux rapports qui, dans l'avenir, produiront des lois, et changeront en nécessités morales les espérances et les projets d'un génie bienfaisant.

Cependant quel spectacle présente cette revue de l'univers! C'est à-la-fois l'histoire et la morale de la société. Ce sont toutes les nations mortes et vivantes qui passent tour-à-tour, et donnent le

---

(*) Bentam.

secret de leurs destinées en montrant les lois qui les faisaient vivre ou les animent encore; et, de même que la sagesse antique croyait avoir deviné les ressorts du monde matériel, en reconnaissant une céleste intelligence par-tout répandue, par-tout communiquée, par-tout agissante, ainsi le monde moral se trouve expliqué tout entier par l'action de la loi, providence des sociétés. Interprète et admirateur de l'instinct social, Montesquieu n'a pas craint d'avouer que l'état de guerre commence pour l'homme avec l'état de société. Mais cette vérité désolante, de laquelle Hobbes avait abusé pour vanter le calme du despotisme, et Rousseau pour célébrer l'indépendance de la vie sauvage, le véritable philosophe en fait naître la nécessité salutaire des lois, qui sont un armistice entre les états et un traité de paix perpétuel pour les citoyens.

La première loi sera l'existence d'un gouvernement. Le gouvernement le plus convenable à chaque peuple est le plus conforme à la nature; et comme la durée prouve la convenance, cette maxime si libre est un gage de repos. Le philosophe admet tous les pouvoirs, et conçoit tous les systêmes politiques. L'Esprit des lois est comme ce temple romain qui donnait l'hospitalité à tous les dieux du monde idolâtre.

Elles seront sans doute retracées avec complaisance, ces belles institutions de la Grèce, où chaque homme se croyait libre, parce qu'il concourait à gouverner les autres ; mais elles paraîtront nées de tant d'heureux hasards, limitées par tant de conditions, achetées par tant d'efforts et même d'injustices, que l'admiration nous préservera de l'exemple.

Suivant la méthode des anciens législateurs, Montesquieu placera l'éducation à la base de l'édifice social ; et cette vérité expliquera les républiques anciennes et les monarchies, en montrant d'un côté cette éducation unique et dominante par ses singularités même, qui prenait le citoyen au berceau pour lui imprimer les sentiments et les opinions de toute sa vie ; et, d'une autre part, ces deux éducations contradictoires, où l'homme oublie les principes qu'avait reçus l'enfant, où les idées du monde doivent remplacer les leçons de l'école ; première différence, dont les suites se conservent par-tout ; qui, donnant aux anciens plus d'indépendance politique, leur imposait plus d'assujettissement personnel, et substituait la gêne des coutumes à celle de l'autorité ; comme si les hommes avaient toujours besoin d'obéir, comme si la liberté elle-même n'était qu'une certaine forme d'obéissance. De là naîtra cette vertu (4) que Montesquieu réservait exclusivement pour les républiques, et que l'on peut définir, *l'amour de la modération et de l'égalité :* vertu peu durable par sa perfection même, vertu qui doit être protégée par une foule de lois politiques, morales et domestiques ; qui ne peut se développer, si elle n'existe dans la racine des mœurs; qui ne peut animer l'état, si elle ne sort de chaque famille; et qui, formée de deux éléments presque inconciliables, se détruit rapidement, et fait place, soit à la fureur de l'égalité démocratique, soit au despotisme multiplié de l'aristocratie, soit au despotisme simple et terrible d'un chef militaire.

Ainsi les lois sont une des causes de l'histoire des peuples, et la forme de chaque gouvernement est la raison des lois. Cette vérité, manifeste à l'égard des lois politiques, se montre dans le caractère et l'application des lois criminelles et civiles; le petit nombre ou la multiplicité des lois, la proportion des peines, la forme des tribunaux, la rigueur légale, ou la liberté des jugements, tout est sous l'influence du principe de chaque gouvernement. Telle est l'influence de ces principes, qu'ils agissent sur les choses les plus immuables, les droits et les crimes des hommes. Les républiques énervent les lois criminelles, parce qu'enfin les coupables sont des hommes libres, et qu'il n'y aurait personne pour leur faire grace. Les despotes se font législateurs, juges, et quelquefois bourreaux. La monarchie place trois degrés entre le coupable et la peine : la précision de la loi, l'indépendance des juges, et la clémence du souverain. Le principe de chaque gouvernement s'altère, et se détruit par la perte des lois civiles qui le soutenaient. La république où la législation est toute morale, périt par la ruine des mœurs; les mœurs, par l'agrandissement de l'état. La monarchie fondée sur l'honneur, se corrompt par la servitude et l'intérêt, les deux plus grands ennemis de l'honneur. Le despotisme n'a d'autre corruption que l'excès de sa puissance. A force d'avoir perfectionné la terreur, principe de son pouvoir, il est détruit par elle.

Quand on a considéré ces trois gouvernements qui se partagent le monde, il faut les voir dans leurs rapports mutuels, la paix, la guerre et la conquête. C'est ici que Montesquieu unit la politique la plus haute à cette justice qui paraît sublime lorsqu'elle s'applique aux intérêts des peuples avec la même simplicité qu'aux intérêts privés. La guerre et les conquérants, ce funeste et incorrigible désordre des sociétés humaines, passent sous les yeux du législateur, qui comprend que les lois ne furent jamais dans un plus grand péril, et qui veut qu'elles soient assez fortes pour résister à la victoire. Cependant il reconnaît des conquérants qui *ont stipulé pour le genre humain*. Entendez-le parler d'Alexandre : il découvre de nouveaux points de vue dans une grandeur si anciennement admirée; par la plus difficile de toutes les épreuves, il décompose la gloire et le génie de son héros, de manière qu'un semblable éloge ajoute quelque chose à l'idée que donne le nom même d'Alexandre.

Ces lois que Montesquieu conserve et fait prévaloir jusqu'au milieu de la conquête, il les suit bientôt dans leur plus noble application, dans celle qui dépend le plus des pays et des peuples, la liberté politique et la liberté sociale. La liberté! c'est pour elle qu'écrivait Montesquieu; c'est elle qu'il cherchait, sans la nommer toujours. La liberté! mère des lois comme la justice elle-même. La liberté! la justice! chacune d'elles n'existe qu'en s'unissant à l'autre. Qu'on les sépare, l'une se détruit par ses fureurs, l'autre est dégradée par son esclavage.

Mais ce n'est pas en vain que l'observateur impartial a distingué la liberté sous deux formes. Quelquefois le citoyen est plus libre que la constitution ne paraît l'être. Quelquefois la liberté qui n'est pas dans l'ordre politique se retrouve dans les lois civiles, ou même dans les mœurs. Tout en réprimant, par cette vérité, les plaintes et la hardiesse des novateurs, Montesquieu retrace sans détour la véritable théorie de la liberté politique. Elle tient à la distinction de la puissance législative et de la puissance exécutive; distinction qui, même imparfaitement appliquée par les Romains, fonda toute leur grandeur; distinction admirable que, par le plus singulier contraste, on voit sortir avec une perfection nouvelle des ruines de la féodalité, et qui forme chez un peuple moderne le gouvernement le plus libre, le plus fort, et sans doute le plus durable, puisque les vices y trouvent leur emploi, et que la corruption même en fait partie.

L'existence de ces deux pouvoirs ne suppose pas un égal partage de forces. La puissance exécutive concourt à la formation des lois, sans que la puissance législative puisse concourir à leur action; mais aussi la puissance exécutive ne gardant pour elle que ce qui tient au gouvernement et au droit politique, abandonne l'exécution du droit civil aux citoyens eux-mêmes, parce que le pouvoir judiciaire doit être le pouvoir neutre de la société, parce que dans l'état tout doit être dépendant du souverain, excepté la justice.

Par quelle admirable analyse de la constitution anglaise Montesquieu n'a-t-il pas étendu et détaillé ces vérités premières? Mais lorsque la liberté manque à l'institution politique, il la cherche dans les lois et dans les coutumes, où elle se réfugie quelquefois comme un dieu inconnu, ignoré du peuple qu'il protége. Législateur pour tous les états, Montesquieu montre ce qui serait esclavage dans l'esclavage même, ce qui est liberté dans la monarchie la plus absolue. Sur le degré de liberté se mesure la richesse de l'état. Plus un peuple est libre, plus il peut supporter la grandeur des impôts. Il lui semble que chaque jour il paie la liberté, à mesure qu'il est enrichi par elle (*); plus un peuple est libre, plus l'impôt

(*) Ce que Tacite disait de la servitude des Bretons : *Britan-*

doit être égal et indirect, pour ménager à-la-fois son orgueil et sa liberté.

Une puissance qui n'influe pas moins que la liberté sur les lois, ou plutôt qui influe sur la liberté même, c'est le climat. Montesquieu prétend-il assujétir les peuples à une sorte de fatalité, lorsqu'il reconnaît cet ascendant impérieux de la température et du sol? Cette hypothèse ne serait-elle pas démentie par l'histoire? Le ciel de la Grèce n'a pas changé, et l'esclavage rampe sur la terre de la liberté. Il n'y a plus de Romains dans l'Italie; ce n'est pas le ciel qui manque, ce sont les lois et les mœurs. Triste et irrécusable exemple qui, sans détruire l'opinion de Montesquieu, prouve seulement la force des divers principes qu'il avait reconnus, et nous atteste quel concours de faits et d'institutions est nécessaire pour former et pour maintenir un peuple libre. On ne saurait nier, en effet, l'influence particulière du climat sur le plus grand scandale de l'injustice humaine, l'esclavage domestique. C'est sous ce rapport que le législateur examine une question qui ne pouvait être étrangère à l'Esprit des Lois, puisque les lois modifiées par les vices de la société qu'elles répriment, sont devenues quelquefois la science du juste dans l'injustice

---

nia servitutem suam quotidie emit, quotidie pascit. On peut l'appliquer aujourd'hui à la liberté des Anglais.

même, l'art d'observer un certain droit, une certaine mesure dans la violation même du droit naturel. Cet esclavage, dont Montesquieu s'indignait en le discutant, lui paraît si odieux, qu'il l'impute tout entier au despotisme de l'Orient (*), et le déclare incompatible avec la constitution d'un état libre, oubliant que toutes les démocraties de la Grèce avaient pris la servitude domestique pour base de l'indépendance sociale. Le caprice d'un sculpteur a fait porter par des esclaves la statue d'un grand roi dont l'Europe accusa l'orgueilleuse prospérité. C'est dans la Grèce, dans Rome, que la statue de la liberté pesait toute entière sur les esclaves courbés et tremblants. Tant il est vrai que rien ne peut être extrême sans être injuste, et que l'excessive liberté, par sa nature même, a besoin, pour être servie, d'un excessif esclavage !

De l'influence du climat, Montesquieu voit naître une autre servitude qu'il avait déja désignée, celle de l'invasion et de la conquête. Ainsi les diverses parties de ce vaste ouvrage se touchent

---

(*) Dans la démocratie, où tout le monde est égal, et dans l'aristocratie où les lois doivent faire leurs efforts pour que tout le monde soit aussi égal que la nature du gouvernement peut le permettre, des esclaves sont contre l'esprit de la constitution. Ils ne servent qu'à donner aux citoyens une puissance et un luxe qu'ils ne doivent point avoir. *Esprit des Lois*, liv. XV, chap. I.

et se mêlent; mais chacune d'elles est traitée avec cette grandeur de vues générales qui éblouit la pensée, et ce choix infini de détails que l'analyse ne peut essayer d'atteindre; science d'observer qui devient une création de pensées, puisque chaque fait indiqué par l'auteur présente une idée, qui forme elle-même partie d'un système de gouvernement, comme tous les gouvernements avec leurs effets et leurs causes entrent dans l'histoire générale des lois. Si dans ce labyrinthe le fil se brise quelquefois, jamais le flambeau ne s'éteint; le philosophe avance, et se fait jour à travers les obstacles qu'il amasse et les routes qu'il semble confondre, jusqu'au moment où la lumière d'une seule idée vient rétablir l'ordre par-tout.

Quoique les lois agissent sur les mœurs, elles en dépendent. Ainsi Montesquieu corrige toujours par quelque vérité nouvelle, une première pensée qui ne paraissait excessive, que parce qu'on la voyait seule. La nature et le climat dominent presque exclusivement les sauvages; les peuples civilisés obéissent aux influences morales. La plus invincible de toutes, c'est l'esprit général d'une nation; il n'est au pouvoir de personne de le changer; il agit sur ceux qui voudraient le méconnaître; il fait les lois ou les rend inutiles : les lois ne peuvent l'attaquer, parce que ce sont deux puissances d'une nature diverse; il ne peut être modifié que par le temps et l'exemple; il échappe ou résiste à tout le reste.

Ce que la morale réprouve n'est pas toujours un vice politique. Il y a des défauts que le législateur doit ménager comme d'heureux accidents de la nature. La vanité si flexible quand on la flatte, la vanité qui s'enchaîne par les concessions qu'elle obtient, la vanité, de toutes les passions la plus irritable et la plus facile à satisfaire, est un excellent ressort pour le gouvernement. L'orgueil varie dans ses effets, suivant qu'il tient au caractère seul, ou qu'il est secondé par la dignité des institutions. Chez l'Espagnol, il est le plus grand ennemi de l'activité sociale, et ne produit qu'une superbe insouciance. Chez l'Anglais il devient le patriotisme même. Cette Angleterre, dont Montesquieu avait analysé l'admirable constitution, lui présente un nouvel aspect dans les mœurs de ses habitants, qui sont une partie de leur liberté. De la même main dont il décrit ces antiques nations de la Chine, esclaves de leurs manières comme un peuple libre doit l'être de ses lois, liées par leurs usages comme par autant de fils innombrables qui les attachent au despotisme, mais qui arrêtent et enveloppent la conquête, il peint les mœurs, les coutumes, les passions, et les vices particuliers d'un peuple libre, où la liberté est invincible, parce qu'elle est partout; originale et sublime peinture, dans laquelle les faits paraissant l'inévitable conséquence des principes, sortent de la pensée de l'auteur, autant que de la vérité de l'histoire.

Le lien de tous les peuples, c'est le commerce. En multipliant les relations, les besoins et les vices, il exige plus de lois que n'en produit le principe même du gouvernement. Tout-à-la-fois instrument et gage de liberté, il est repoussé ou envahi par le despotisme. Il se développe sous l'abri des monarchies; il anime, il soutient les états libres, et, par un contraste bizarre, il fait aujourd'hui sortir de l'intérêt tous les sacrifies que l'antiquité demandait à la vertu. Les révolutions du commerce, qui tiennent à celles du monde; la navigation, qui a civilisé et agrandi l'univers; l'argent, signe de la civilisation et premier ressort des états modernes, voilà les points de vue qui s'ouvrent au législateur. Il semble que son génie, après avoir pénétré dans l'intérieur de chaque état, a besoin d'embrasser à-la-fois tous les temps et tous les lieux; et dans l'activité du commerce, il voit d'un seul coup-d'œil le mouvement du genre humain.

La population décroît et s'augmente dans un rapport nécessaire avec les institutions politiques, de manière que les mœurs paraissent aussi puissantes que la nature même sur la durée des peuples. Ce nouveau sujet enferme de grandes questions; le mariage, fondement de la société; l'immoralité, destructive comme la guerre. Là se présente un des exemples les plus tristes de l'histoire : c'est l'effort impuissant de la législation contre le vice d'un mauvais gouvernement et d'une société corrompue. Malgré les lois, l'empire romain dépeuplé mourait de langueur. Singulière destinée ! La sublimité contemplative du christianisme vient accomplir l'ouvrage commencé par la corruption. La piété des empereurs abolit les lois prudentes d'Auguste ; et la race romaine, à demi-détruite, achève de disparaître dans les solitudes de la Thébaïde et dans les monastères de Constantin, comme pour effacer la trace des antiques oppresseurs de la terre, comme pour marquer le triomphe du christianisme par le renouvellement des peuples et le rajeunissement du monde.

Ainsi le législateur est conduit à examiner cette puissante et suprême influence des religions. En calculant les rapports de chaque croyance avec le génie de chaque pays, l'erreur même lui paraît quelquefois plus appropriée à la nature de l'homme ; mais également convaincu que la vérité ne peut se montrer sans être bienfaisante, il nous fait voir la religion chrétienne, qui, *malgré la grandeur de l'empire et le vice du climat, empêche le despotisme de s'établir en Ethiopie, et porte au milieu de l'Afrique les mœurs de l'Europe et ses lois.* Cette religion, que, dans la vivacité de sa jeunesse et dans la politique légère de son premier ouvrage, il avait trop peu respectée ; partout dans l'Esprit des Lois, il l'a célèbre et la révère. C'est que maintenant il veut construire l'édifice social, et qu'il a besoin d'une colonne pour le soutenir. Sa pensée s'est agrandie comme sa tâche; s'il combat le sophisme d'un incrédule fameux, la calomnie qu'il repousse avant toutes les autres, c'est l'idée que la religion chrétienne n'est pas propre à former des citoyens. Il croyait, au contraire, qu'elle était particulièrement la protectrice des monarchies tempérées; il la concevait, il la voulait amie de la liberté comme des lois, n'imaginant pas sans doute que ce qu'il y a de plus noble, de plus grand sur la terre, puisse mal s'accorder avec un présent du ciel. La religion, malgré sa sublime origine, par l'extrémité qui touche aux choses humaines, doit éprouver comme elles des vicissitudes et des retours; mais elle est le premier gage de la civilisation moderne, qui, en s'unissant à sa divine existence, partage la garantie de sa durée, et semble échapper à la loi commune de la mortalité des empires.

Ce n'est pas sans un judicieux motif que Montesquieu, en distinguant les lois de tous les pays, avait pris soin aussi de reconnaître et de caractériser toutes les espèces différentes de lois qui régissent une même nation. Telles sont les bornes de la justice, ou plutôt de la prévoyance humaine, que, pour devenir injuste et tyrannique, il lui suffit de sortir un moment du cercle rigoureux qu'elle s'était prescrit. Le droit naturel, le droit ecclésiastique, le droit politique, le droit civil, ne peuvent être substitués l'un à l'autre dans l'application, sans troubler la société par ces lois mêmes qui doivent la maintenir : idée simple et grande qui prouve que la nature des choses est plus forte encore que les lois, ou plutôt que les lois ne sont fortes qu'autant qu'elles s'y conforment et la reproduisent. Ce principe, d'une immense étendue, explique et condamne toutes les bizarreries de quelques législations barbares, prévient les erreurs en indiquant leur source la plus commune, fixe la limite du pouvoir religieux, et arrête ses usurpations par sa nature même : mais, avant tout, il donne une garantie à la société entière, en ne souffrant pas que le droit politique soit juge des citoyens, et que les intérêts privés puissent jamais craindre une autre puissance que le droit civil; avantage qui est au fond ce que la liberté même renferme de meilleur, mais aussi ce qu'elle seule peut irrévocablement assurer.

Il restait à fixer les conditions générales et nécessaires de la loi, à montrer ce qu'elle doit être dans la volonté du législateur et dans la forme qu'elle en reçoit; comment elle peut quelquefois tromper la main qui l'écrit, et revenir contre l'intention de son auteur; comment elle doit être changée quand ses motifs n'existent plus; comment les lois diffèrent quelquefois malgré leur ressemblance. Montesquieu n'a prescrit qu'une règle pour la composition des lois, et cette règle renferme tout son ouvrage. *L'esprit de modération*, dit-il, *est celui du législateur*.

En effet, la loi n'est que le supplément de la modération qui manque aux hommes. La loi a tellement besoin d'être impartiale, que le législateur lui-même doit l'être, pour ne pas laisser dans son ouvrage l'empreinte de ses passions.

Ces principes généraux, avec quelle érudition pénétrante Montesquieu ne les a-t-il point appliqués à l'examen d'une partie de cette législation romaine qui a survécu si long-temps à l'empire qu'elle n'avait pu sauver, et qui, servant de passage entre le monde ancien et le monde moderne, a empêché que dans le naufrage de la civilisation la justice ne vînt à périr? Avec une érudition plus étonnante encore, il entre dans le cahos de ces lois barbares qui avaient envahi l'Europe, et établi tant d'usages féroces sur les ruines de la sagesse romaine. Comme il le dit lui-même dans son langage allégorique, il voit les lois féodales telles qu'*un chêne immense* qui s'élève et domine. Animé d'une incroyable patience, il creuse jusqu'à ses profondes racines, qui étaient liées à tous les États de l'Europe; racines long-temps fortes et vivaces, lors même que le fer avait abattu ce vaste ombrage, et qu'il ne restait plus qu'un arbre mort et dépouillé. Dans les souvenirs innombrables de ces antiquités nationales, on retrouve l'origine et les révolutions de tout ce qui a péri sans retour, et le premier germe des institutions nouvelles qui régissent et sauveront la France. Ce vaste tableau présente par-tout les rois défenseurs du peuple, fortifiés chaque jour par sa reconnaissance, à mesure qu'ils le délivraient, et substituant enfin l'unité bienfaisante de leur pouvoir à la multitude des tyrannies féodales. Montesquieu a cru devoir à sa patrie d'entrer dans ce labyrinthe de nos mœurs antiques : l'admirateur des lois romaines ne pouvait pénétrer qu'avec répugnance tant de coutumes confuses et barbares; mais de cet abyme était sortie la France.

Tel est cet immense ouvrage dans lequel Montesquieu a embrassé le monde en s'occupant surtout de la France, dans lequel il a renfermé les maximes les plus hardies, sans avoir voulu détruire aucune maxime établie; car les changements achetés par la destruction ne sont pas un titre à la reconnaissance des hommes. Nous n'avons rien à répondre à ceux qui lui reprochent d'avoir séparé la monarchie du pouvoir absolu. Oui, sans doute, dans cette division célèbre, Montesquieu ménageait une place pour la France, et je lui en rendrai graces. Je ne croirai pas que l'antique France se soit formée sous le despotisme, afin de conserver le droit de le haïr. Oui, sans doute, en faisant de l'honneur le principe de la monarchie, Montesquieu a désigné la France. Notre patrie a pu changer ses lois; ce qu'un tel changement a produit de juste et de salutaire appartient à Montesquieu; car ce grand homme, dans l'apologie même du systême ancien, cherchait à consacrer la liberté légale qui doit animer le systême nouveau : quand il célébrait les corps intermédiaires de la monarchie, ce n'étaient pas des priviléges qu'il voulait défendre, il réclamait des barrières. Ces barrières lui paraissaient si desirables, qu'il les acceptait même sous les formes les plus odieuses, et qu'il remerciait l'Inquisition en faveur de la résistance qu'elle opposait au despotisme; mais l'esprit de son ouvrage invoque et promet pour l'avenir des sauve-gardes plus légitimes. En répandant les idées d'humanité, de tolérance et de modération dans les peines, il a disposé les peuples à recevoir des gouvernements limités par les lois et l'intérêt public.

Dans la variété de son ouvrage, Montesquieu avait séparé les peuples anciens des peuples modernes, en marquant ces différences insurmontables, qui devaient prévenir pour nous l'imitation insensée des républiques anciennes; mais, par les rapports qu'il reconnaissait entre les peuples modernes, par cet esprit de commerce et d'industrie qu'il donnait pour attribut à l'Europe, il avait préparé le systême représentatif (5), systême qui ne devait trouver d'obstacle que dans la tyrannie militaire, et qui triomphera, si la civilisation ne périt pas : et elle ne peut pas périr.

Montesquieu avait aperçu le premier, peut-être, une grande vérité.

« La plupart des peuples de l'Europe sont en-

« core gouvernés par les mœurs; mais si par un « long abus de pouvoir, si par une grande con- « quête, le despotisme s'établissait à un certain « point, il n'y aurait pas de mœurs ni de cli- « mats qui tinssent; et dans cette belle partie du « monde, la nature humaine souffrirait, au moins « pour un temps, les insultes qu'on lui fait dans « les trois autres. » Que d'instruction dans ces belles et prévoyantes paroles! Elles rendent justice au siècle de nos aïeux; elles prédisaient ce que nous avons souffert; elles nous apprennent à user de notre heureuse délivrance. Les mœurs ne gouvernent plus l'Europe, les traditions se sont effacées, les usages ont disparu, l'opinion a tout changé (6). Sur le débris de ces mœurs, de ces coutumes dont le retour deviendrait la plus difficile de toutes les innovations, et qui ne seraient plus assez puissantes pour tenir la place des lois, il faut donc élever les lois elles-mêmes.

Cette pensée n'a pas été comprise, lorsqu'on voulait tout détruire; elle avait offensé ceux qui voulaient tout conserver. S'il peut arriver un temps où les esprits plus calmes cherchent à relever l'ordre social, n'écouteront-ils pas celui qui ne fut entendu ni par le préjugé ni par la fureur? Le système monarchique expliqué par Montesquieu a changé de forme, et toutes les idées de ce grand homme, plus fortes qu'une seule de ses opinions, combattent les institutions dont il a défendu l'existence, mais qui ne peuvent renaître.

Il reste d'autres lois qui ont aussi l'autorité de son génie, lois qui ne sont pas la propriété d'un seul peuple, et qui, modifiées par les temps et les lieux, serviront désormais de fondement à toute liberté sociale. Oui sans doute, lorsque Montesquieu traçait avec de si fortes couleurs le tableau d'un peuple libre, après tant de calamités et de discordes, il instruisait tous les peuples à profiter de leurs révolutions ; et il donnait d'avance le remède à des maux qu'il n'avait point préparés.

Dans un ouvrage où sont traités les intérêts du genre humain, on craindrait presque de remarquer ces beautés qui parlent sur-tout à l'imagination du lecteur, et servent à la gloire de l'écrivain; et cependant, sans compter ce noble et ravissant plaisir qu'elles donnent à la pensée, on doit avouer qu'elles ont rendu plus intéressant et plus populaire le livre qui renferme tant de sérieuses vérités. Il faut reconnaître par-tout le pouvoir de l'éloquence. Vainement l'interprète des lois a-t-il montré que les hommes ne doivent pas se charger des offenses de Dieu, de peur que devenant cruels par piété, ils ne soient tentés d'ordonner des supplices infinis, comme celui qu'ils prétendent venger. Quelle que soit la sublimité du raisonnement, l'ame n'est pas entraînée, et la superstition peut lutter encore; mais lorsque auprès du bûcher de la jeune israëlite, une voix s'élève, et, s'adressant aux persécuteurs, leur dit, avec une naïveté pleine de force : « Vous voulez

« que nous soyons chrétiens, et vous ne voulez « pas l'être ; si vous ne voulez pas être chrétiens, « soyez au moins des hommes ». Lorsque cette voix éloquente unit le raisonnement au pathétique, et le sublime à la simplicité, on reste frappé de conviction et de douleur, et l'on sent que jamais plus beau plaidoyer ne fut prononcé en faveur de l'humanité. Montesquieu a compris, qu'il avait besoin de reposer les yeux qui suivaient la hauteur et l'immensité de son vol dans les régions d'une politique abstraite. Les points d'appui qu'il présente à son lecteur, c'est Alexandre ou Charlemagne; à ces grands noms, à ces grands sujets, il redevient un moment sublime pour ranimer l'attention épuisée par tant de recherches savantes et de pensées profondes ; puis il reprend le style impartial et sévère des lois. Aucun ouvrage ne présente une plus admirable variété; aucun ouvrage n'est plus rempli, plus animé de cette éloquence intérieure, qui ne se révèle point par l'apprêt des mouvements et des figures, mais qui donne aux pensées la vie et l'immortalité. Le seul reproche qu'on puisse faire à l'auteur, c'est d'avoir quelquefois cherché des diversions trop ingénieuses, comme s'il eût douté de l'intérêt attaché à la seule grandeur de ses pensées.

Faut-il parler de Montesquieu lui-même, lorsque le temps et l'admiration ne peuvent suffire à l'examen de ses écrits ? Que dire des graces de son esprit à ceux qui ont lu ses ouvrages ? La simplicité piquante, la malice ingénieuse de sa conversation ne se retrouve-t-elle pas dans la défense qu'il fut obligé d'opposer aux détracteurs de son plus bel ouvrage? Et toutes ses vertus ne sont-elles pas renfermées dans une anecdote touchante, aussi connue que sa gloire? Ce qui reste de lui, après les œuvres de son génie, c'est leur immortelle influence : la reconnaître et la proclamer, ce serait moins achever l'éloge de Montesquieu, qu'entreprendre le tableau de l'Europe.

Oui, sans doute, ce beau système qui, suivant Montesquieu, fut trouvé dans les bois de la Germanie, appartient à tous les peuples, qui sortirent, il y a quinze siècles, de ces forêts, aujourd'hui changées en royaumes florissans. Il est un des plus fermes remparts contre la barbarie; il est la sauve-garde de l'Europe. De grands périls semblaient la menacer; on a pu quelquefois être tenté de croire qu'elle touchait à cette époque fatale qui termine les destinées des peuples, et ramène sur la terre de longs intervalles de barbarie, d'où renaît lentement une civilisation nouvelle; mais cette première terreur se dissipe. L'Europe ne ressemble pas à l'empire romain. Les lumières plus grandes sont aussi plus communes : l'Europe les a distribuées dans l'univers. Par-tout sont des colonies qui nous renverraient la civilisation que nous leur avons transmise. L'Amérique est peuplée de nos arts. Nos arts eux-mêmes sont défendus par une invention qui ne leur permet pas de périr : une seule découverte a garanti toutes les autres. La corruption peut s'accroître ; le renouvellement du monde paraît impossible. De quel point de la terre partirait la fausse lumière d'une religion nouvelle ? Quelle puissance prétendrait nous apporter d'autres idées ? Nous pouvons nous égarer ; mais qui pourrait nous instruire ? Ainsi l'Europe entière suivra la route qu'elle a prise ; il surviendra des guerres, il passera des révolutions ; tous les malheurs sont possibles, excepté la barbarie. Cependant on cherchera toujours la liberté par les lois. C'est une conquête que les arts et les lumières de l'Europe rendent inévitable, et qui paraît d'autant plus assurée, que chacun de nos malheurs nous en approche davantage. La France y sera conduite par la sagesse de son Roi ; et l'ouvrage d'un Français, le livre impérissable de Montesquieu, sera compté parmi les monumens qui doivent la promettre et l'affermir.

NOTES

DE L'ÉLOGE DE MONTESQUIEU.

(1) « Un homme né chrétien et français, se trouve « contraint dans la satire : les grands sujets lui sont dé- « fendus; il les entame quelquefois, et se détourne en- « suite sur de petites choses qu'il relève par la beauté » de son génie et de son style. » La Bruyère. Ch. 1er des ouvrages de l'Esprit.

Si on poussait trop loin cette pensée, si on l'interprétait avec la même rigueur que celle d'un auteur contemporain, on deviendrait injuste envers La Bruyère et le grand siècle où il a vécu. La Bruyère, faisant allusion à ses propres travaux, voulait seulement expliquer par quel motif il bornait aux détails de la vie, et aux ridicules privés, un talent d'observer et de peindre, qu'il aurait porté avec avantage sur les plus grands objets de l'ordre social. Louis XIV, était monté sur le trône après des troubles civils, qui agitèrent l'état, sans jeter dans les esprits aucun principe de liberté, parce qu'ils ne tenaient qu'à des ambitions de cour, à des rivalités de pouvoir. Il se rendit la justice de croire qu'il saurait par lui seul maintenir et élever la royauté. Comme le dit d'ailleurs La Bruyère, il fut lui-même *son principal ministre* : il reprit le rôle de Richelieu, et se montra seulement moins sévère, et plus généreux, parce qu'il n'était pas obligé de régner au nom d'un autre. La conduite des parlemens, sous Mazarin, avait été si misérablement factieuse, qu'un roi jeune, habile, et bientôt victorieux, n'eut pas de peine à réduire au néant ces faibles barrières, et à réunir dans sa main le pouvoir absolu. Deux choses sauvèrent la France du despotisme: la magnanimité personnelle du monarque; et cet honneur, dont Montesquieu a fait le principe des monarchies; honneur, qui, nourri dans les heureux succès de la guerre, se fortifiait chaque jour avec la gloire du souverain, et arrêtait ainsi la puissance arbitraire par ces victoires et ces triomphes même qui servent ordinairement à l'augmenter. L'honneur fut donc sous Louis XIV le contre-poids du pouvoir. Comme l'ame généreuse et la noble délicatesse de ce grand roi lui indiquaient toujours d'avance le point, où il aurait rencontré cette barrière, il ne la heurta jamais, et il gouverna sans aucune apparence de contradiction et d'obstacle. Toutes les maximes du pouvoir absolu furent reçues et sanctifiées par la religion. Bossuet devint le publiciste du siècle de Louis XIV, comme il en était le prédicateur et le théologien. La politique de ce grand homme devait être aussi impérieuse que la foi qu'il enseignait. Son ardente imagination se laissait ravir d'enthousiasme pour la splendeur du trône et du monarque; et son génie vaste ne pouvait concevoir que dans l'exercice absolu d'une immense domination quelque chose d'égal à sa force, qu'il prenait involontairement pour mesure de la force d'un roi. Ainsi, tandis que dans une île voisine, de factieux sectaires, par une interprétation perverse des saintes écritures, établissaient la haine de toute primauté politique et religieuse, et ce qu'ils appellaient l'égalité primitive des hommes, Bossuet puisait également dans les saintes écritures les maximes d'un pouvoir aussi absolu que les décisions de l'église : et ses leçons même, données au nom de la religion, semblaient aggrandir et consacrer les rois qui, ne pouvant être punis que par Dieu, n'étaient avertis que par ses ministres.

On n'a peut-être point assez remarqué l'influence de Bossuet sur l'esprit de son siècle. Cet homme, par ses doctrines, son caractère et son génie, était singulièrement propre à seconder le règne de Louis-le-Grand. Ce dédain qu'il exprimait pour les vaines disputes des politiques; cette hauteur de raison avec laquelle il abattait les pensées de l'orgueil humain; cette habitude de ne rien voir d'important pour les hommes que la religion; cette autorité menaçante qui écrasait à-la-fois les opinions théologiques et les raisonnemens républicains des protestans, de manière à rendre toujours la liberté complice de l'hérésie, tout, dans Bossuet, devait servir à l'affermissement du pouvoir absolu, et éloigner les esprits de la discussion des intérêts civils. Cette disposition préparée par beaucoup de circonstances devint générale; et le siècle le plus rempli de l'esprit littéraire de l'antiquité parut en même temps le plus indifférent pour les maximes de liberté, qui, dans l'antiquité, sont inséparables de toute littérature. Le progrès rapide des arts, les créations multipliées du génie, présentaient d'ailleurs aux esprits une occupation enivrante et glorieuse, qui peut-être a besoin d'être exclusive, et qui ne pouvait jamais contrarier un pouvoir absolu dont l'exercice était mêlé de grandeur et de bonté. L'attention publique ne s'était point tournée vers ces sciences économiques, qui nécessairement conduisent aux idées de liberté, en inspirant l'envie de défendre des intérêts que l'on croit bien connaître. Enfin, cette portion d'indépendance, nécessaire à toute époque florissante, se retrouvait dans les disputes religieuses où se jetèrent les plus grands esprits, et qui partageaient et passionnaient le public. Les Lettres Provinciales offraient tout l'intérêt, tout le piquant, toute la hardiesse d'un pamphlet politique. Sans compter l'esprit, il y avait alors plus de malice et de courage à désoler les jésuites, qu'il ne sera jamais possible d'en mettre à poursuivre des ministres. Les jansénistes formaient l'opposition, et la soutenaient par de grands noms, d'excellens écrits, d'illustres amitiés, et beaucoup de faveur populaire. L'indépendance de la pensée, ainsi concentrée, s'exerçait, je le sais, sur des futilités, de vaines arguties. Mais l'indépendance tient moins à la grandeur des choses que l'on défend, qu'à la chaleur, à la publicité, à l'obstination avec laquelle il est permis de les défendre. On peut mettre la liberté par-tout, pourvu qu'on la conserve. Les controverses de Bossuet et de Fénélon, la résistance si longue et si visible d'une grande vertu persécutée, contre tout l'ascendant du pouvoir souverain, furent encore un heureux exemple d'indépendance. Voilà de ces traits qui distinguent la monarchie du despotisme. L'autorité, inaccessible dans son propre domaine, où l'on n'aurait pas même su l'attaquer, luttait seulement pour des questions frivoles, aggrandies par l'opinion ; mais enfin elle connaissait une résistance. Lorsque la raison et le temps ont fait disparaître ces premiers alimens offerts à l'activité des esprits, on a dû arriver à des questions plus sérieuses, à des intérêts plus réels. On est sorti de la réserve dont se plaignait La

Bruyère : un homme né chrétien et français a pu tout examiner et tout combattre. Que cette hardiesse ait produit du mal, elle n'en est pas moins un résultat obligé des circonstances ; elle nous a conduits à la nécessité invincible d'un gouvernement constitutionnel, elle a mis une des plus grandes forces du pouvoir, dans cette liberté qui est un de ses périls.

(2) Montesquieu a dit que les anciens n'avaient pas une idée bien claire de la monarchie, « parce qu'ils ne « connaissaient pas le gouvernement fondé sur un corps « de noblesse, et encore moins le gouvernement fondé « sur un corps législatif formé par les représentans d'une « nation. » Cette seconde assertion est d'une exactitude rigoureuse. On a souvent cité le passage dans lequel Tacite parle de la réunion des trois élémens du pouvoir, comme d'une belle idée dont la réalité lui paraissait impossible ; et M. de Châteaubriand n'a pas craint d'avancer que, « chez les modernes, le système repré« sentatif était au nombre de ces trois ou quatre grandes « découvertes qui ont créé un autre univers. » Cependant on se ferait une fausse idée de l'antiquité, si l'on supposait qu'elle n'a connu que la république ou la tyrannie. Aristote, dans ses ouvrages politiques, et même dans sa rhétorique, a parfaitement distingué la royauté de la tyrannie. Il est vrai qu'il établit cette différence plutôt par le caractère des princes et par la force des mœurs, que par des institutions fixes et réglées. L'antiquité, en reconnaissant la monarchie héréditaire et tempérée, n'a jamais essayé de mettre en pratique cette distinction de trois principes qui se mêlent et se modifient dans un seul gouvernement. Cependant on trouve dans les écrivains grecs de belles idées sur la nature du

pouvoir monarchique. Les philosophes de la Grande-Grèce s'étaient particulièrement occupés de cette question ; comme Fénélon, ils s'adressaient sur-tout à l'ame des rois. Ils faisaient de la royauté une sorte de providence terrestre qui devait suppléer à l'imperfection et à l'imprévoyance des hommes. Ces idées étaient prises sur le modèle de la puissance paternelle, ennoblie par une bienfaisance plus étendue et par une sorte de vocation divine.

M. Hume, dans un de ses traités, a réuni toutes les vengeances, tous les meurtres, toutes les proscriptions, tous les supplices qui souillèrent le plus bel âge des républiques de la Grèce : et ce calcul confond l'imagination et fait frémir l'humanité. On conçoit sans peine que des esprits calmes et doux, témoins de tant de crimes produits et excusés par les passions de la liberté, aient vu dans la force d'une autorité tutélaire la perfection idéale de la société, et que la philosophie ait réclamé dans l'antiquité l'ordre et le repos, comme elle demandait parmi nous l'indépendance. D'ailleurs, depuis l'axiôme vulgaire de Platon, la philosophie se croyait intéressée au maintien des trônes dont elle devait hériter tôt ou tard. Stobée nous a conservé des fragmens de trois traités sur la monarchie, composés par des philosophes de l'école italique. Tous ces morceaux respirent la sublimité morale que l'on remarque dans Platon. Je n'en citerai qu'un seul, tiré de Sthenida, pythagoricien. Je le traduis avec une rigoureuse fidélité.

« Un roi doit être un sage : à ce prix seulement il sera « vénérable et paraîtra l'émule de Dieu lui-même. L'un « est le premier roi, le premier maître : l'autre le devient « par naissance et par imitation. L'un commande par-tout,

« l'autre sur la terre; l'un règne et vit toujours, possé-
« dant la sagesse en lui-même; l'autre n'a qu'une science « passagère. Il imitera sur-tout Dieu, s'il est facile, ma-« gnanime, satisfait de peu de chose pour lui-même, « tandis qu'il montre à ses sujets une ame paternelle. « En effet, si Dieu est regardé comme le père des dieux, « comme le père des hommes, c'est particulièrement à « cause de sa douceur pour tout ce qui respire sous sa « loi, c'est parce que jamais il ne se lasse et ne néglige « son empire, c'est parce qu'il ne lui a pas suffi d'être « le créateur de l'univers, s'il n'était encore le nourricier « de toutes les créatures, le précepteur de toutes les vé-« rités, et le législateur impartial du genre humain. Tel « doit paraître le mortel destiné à commander sur la « terre et parmi les hommes, le roi. Rien n'est beau sans « doute hors de la royauté, et dans l'anarchie; mais sans « la sagesse et la science, il ne peut exister ni roi ni « pouvoir. L'imitateur véritable, le ministre légitime de « Dieu, c'est un sage sur le trône. » Stobée. Pag. 332.

(3) On a voulu faire de Fénélon un politique rêveur et dangereux. J'avoue qu'il m'est impossible de concevoir quelle espèce de danger pouvaient offrir ces belles imaginations de justice, de sagesse et de bonheur qui, dans le Télémaque, s'accordent avec toutes les formes de gouvernement, et se réalisent presque toujours par les vertus d'un bon roi. Sans doute Fénélon ne partageait pas les idées politiques de Bossuet; chacun de ces deux grands hommes portait dans ses systèmes l'empreinte de son caractère. Fénélon, plein de douceur et d'insinuation, aurait souhaité que l'unité du pouvoir absolu souffrît quelques tempéramens salutaires au peuple. Dans ses directions pour la conscience d'un Roi,

ouvrage d'une politique sublime autant que d'une religion éclairée, il dit, en s'adressant au dauphin : « Vous « savez qu'autrefois le roi ne prenait jamais rien sur ses « peuples par sa seule autorité; c'était le parlement, « c'est-à-dire l'assemblée de la nation, qui lui accordait « les fonds nécessaires. Qui est-ce qui a changé cet ordre, « sinon l'autorité absolue que les rois ont prise? » Plus tard, lorsque les maux de la France firent douter qu'il y eût assez de force dans la main seule de Louis XIV pour sauver l'état, Fénélon proposa l'usage de ces assemblées, dont il avait regretté la perte dans les jours les plus glorieux de la monarchie. Ce ne sont plus ici les spéculations d'un cœur vertueux. Fénélon s'arrête à des idées précises; il veut que la nation soit appelée à se défendre elle-même, et pour cela, il n'a point recours à l'ancienne et unique représentation de la noblesse et du clergé. Il demande un choix de notables dans les classes industrieuses de la société. Cette politique était sage, était noble : il faut admirer Louis XIV d'avoir pu s'en passer. Ce grand roi connut bien alors le principe de la monarchie qu'il avait créée : en donnant lui-même l'exemple de l'héroïsme, il ne s'adressa qu'à l'honneur, et il sauva la France. Ces illusions ne sont ni de tous les peuples, ni de tous les temps.

(4) Cette fatalité, qui ne permet pas aux idées humaines de rester à la même place, soit qu'elles doivent avancer ou s'égarer, m'a paru supérieurement exprimée dans un passage que je vais citer. Il est tiré de l'ouvrage de M. de Barante, sur la littérature du dix-huitième siècle; ouvrage plein de bon sens, d'esprit et d'originalité, et qui renferme assez de vues et d'idées pour défrayer une vingtaine de nos discours académiques.

« C'était sur-tout par la marche des opinions humaines « et par les productions de l'esprit que le dix-huitième « siècle avait été remarquable. Les contemporains eux-« mêmes s'étaient fort enorgueillis de ce développement « de l'esprit humain, et en avaient fait le principal ca-« ractère de l'époque où ils vivaient.

« Aussi c'est contre les opinions françaises du dix-« huitième siècle, et sur-tout contre les écrits où elles « sont déposées, que l'accusation a été portée. Parmi les « accusateurs, quelques-uns, se laissant emporter par « un esprit d'exagération et d'animosité, sont tombés, « ce nous semble, dans une erreur remarquable. Isolant « ce dix-huitième siècle de tous les autres siècles, ils « le regardent comme une époque maudite, où un gé-« nie malfaisant a inspiré aux écrivains des opinions « qu'ils ont répandues parmi le peuple. On dirait, à les « entendre, que, sans les livres de ces écrivains, tout « serait encore au même état que dans le dix-septième « siècle; comme si un siècle pouvait transmettre à son « successeur l'héritage de l'esprit humain tel qu'il l'a « reçu de son devancier. Mais il n'en est pas ainsi. Les « opinions ont une marche nécessaire : de la réunion « des hommes en nation, de leur communication ha-« bituelle, naît une certaine progression de sentimens, « d'idées, de raisonnemens, que rien ne peut suspendre. « C'est ce qu'on nomme la marche de la civilisation; « elle amène tantôt des époques paisibles et vertueuses, « tantôt criminelles et agitées; quelquefois la gloire, « d'autres fois l'opprobre; et suivant que la Providence « nous a jetés dans un temps ou dans un autre, nous « recueillons le bonheur ou le malheur attaché à l'époque « où nous vivons. Nos goûts, nos opinions, nos impres-

« sions habituelles, en dépendent en grande partie : nulle « chose ne peut soustraire la société à cette variation « progressive. Dans cette histoire des opinions humaines, « toutes les circonstances sont enchaînées de manière « qu'il est impossible de dire laquelle pouvait ne pas « résulter nécessairement de la précédente. »

Je ne crois pas qu'on ait rien écrit de plus instructif et de plus sage sur le dix-huitième siècle, et mieux expliqué la littérature par la connaissance des hommes.

(5) On a beaucoup attaqué cette vertu que Montesquieu donnait pour attribut aux républiques. Il est manifeste qu'il s'agit moins ici de la vertu morale que d'une vertu politique, dans laquelle il entre cependant plusieurs vertus privées. C'est le principe que Bossuet a reconnu et défini sous un autre nom d'une manière admirable. « Le mot de civilité ne signifiait pas seulement « parmi les Grecs la douceur et la déférence mutuelle « qui rend les hommes sociables. L'homme civil n'était « qu'un bon citoyen qui se regarde toujours comme « membre de l'état, qui se laisse conduire par les lois, « et conspire avec elles au bien public, sans rien entre- « prendre sur personne. »

(6) Quelquefois on demande : Qu'est-ce que le système représentatif? La réponse est fort simple, le système représentatif entre dans tous les gouvernemens qui admettent des assemblées délibérantes. Mais l'emploi de ces assemblées peut être plus ou moins heureusement ordonné. L'existence de deux assemblées, l'une héréditaire et aristocratique, l'autre élective et populaire, semble, par le raisonnement comme par l'exemple, offrir la meilleure combinaison. Voilà jusqu'à présent le système représentatif dans la perfection de sa forme.

Il y a loin sans doute de cette perfection extérieure à la perfection de fait ; mille causes peuvent l'arrêter : l'éloquent auteur des Réflexions politiques, M. de Châteaubriand, a prévu et discuté la plupart de ces causes réelles ou possibles. Les événemens extraordinaires survenus depuis deux ans n'ont rien changé à la vérité de ces observations ; et l'admirable vivacité de son langage a donné un nouveau caractère de durée à des idées que le bon sens seul rendrait éternelles. « La vieille « monarchie ne vit plus pour nous que dans l'histoire, « comme l'oriflamme que l'on voyait encore toute pou- « dreuse dans le trésor de Saint-Denis, sous Henri IV. « Le brave Crillon pouvait toucher avec attendrissement « et respect ce témoin de notre ancienne valeur ; mais il « servait sous la cornette blanche, triomphante aux « plaines d'Ivry, et il ne demandait point qu'on allât « prendre au milieu des tombeaux l'étendard des champs « de Bouvines. »

M. de Châteaubriand avait également reconnu la marche générale de l'Europe vers l'ordre constitutionnel. Dans ce mouvement commun il voyait une nécessité et une garantie pour chaque état. On a depuis voulu affaiblir l'autorité de ces idées, auxquelles un grand écrivain avait prêté toute la puissance de son éloquence et de son nom. Comme M. de Châteaubriand s'était quelquefois mépris sur les hommes, ce qui était inévitable, on a voulu reporter cette erreur sur le fond même des doctrines, et sur les principes : ces principes demeurent ce qu'ils étaient. Le progrès des arts utiles à la vie, la facile communication des peuples, le partage plus égal des connaissances et des lumières, l'imprimerie, voilà les causes qui justifient ces principes : ils ne pouvaient rencontrer d'obstacle que dans le plus horrible fléau de la société, la tyrannie militaire. C'est un bienfait pour l'Europe, que ces idées de liberté se trouvent si puissantes à l'époque même où la force des armes a pris par-tout un prodigieux accroissement. Dans l'état présent des choses, l'Europe n'aura jamais que des gouvernemens constitutionnels ou des gouvernemens militaires; et comme l'usurpation ne pourrait s'élever que par la force des armes, elle est essentiellement ennemie de toute constitution et de toute liberté. Ce sont les souverains héréditaires, les souverains légitimes, qui seuls peuvent établir la liberté, sur-tout dans les grands états où toute révolution ne saurait arriver que par l'emploi de la force militaire, qui n'enfantera jamais qu'un pouvoir violent comme elle : ainsi les maximes de la liberté se confondent avec les intérêts des rois. Ces maximes ne sont plus, aujourd'hui, la suite de la révolution; elles sont nées de nouveau, pour ainsi dire, de l'horreur du despotisme impérial; elles ont en leur faveur l'exemple de dix ans de tyrannie; aussi sont-elles chères à des hommes qui n'ont jamais connu les premières théories de la révolution.

(7) En célébrant la loyauté chevaleresque de nos vieux temps, M. de Châteaubriand a marqué mieux que personne cette puissance des idées nouvelles, cette ruine irréparable des anciennes mœurs, des anciens priviléges. « L'esprit du siècle, dit-il, a pénétré de toutes « parts; il est entré dans les têtes, et jusque dans les « cœurs de ceux qui s'en croyent le moins entachés. » M. de Châteaubriand expose par-tout cette vérité avec une justesse, une force, et quelquefois une expression de regret qui en augmente encore l'évidence; de cette

vérité résulte le bienfait de l'ordre constitutionnel, établi par un monarque dont la modération est à-la-fois une grande vertu de cœur, et une rare supériorité de sagesse.

Il fallait à la France une loi de liberté qui pût satisfaire les idées et les espérances du siècle; il fallait une transaction solennelle qui garantît les intérêts nouveaux : le Roi a donné cette Charte, désormais inséparable de la monarchie légitime; plus elle sera puissante, plus la monarchie elle-même s'affermira. L'inviolabilité de la loi ajoute encore à celle du trône; et tel est l'avantage de la stabilité, que même, appliquée à des institutions de liberté, elle est utile au pouvoir.

DE L'IMPRIMERIE DE FIRMIN DIDOT,
IMPRIMEUR DU ROI ET DE L'INSTITUT, RUE JACOB, N° 24.

www.ingramcontent.com/pod-product-compliance
Ingram Content Group UK Ltd.
Pitfield, Milton Keynes, MK11 3LW, UK
UKHW022130260726
13993UKWH00003B/1340